Gal Ch. Lanrezac

Photo Henri-Manuel.

FERNAND ENGERAND
Député du Calvados

LANREZAC

Avec une photographie du Général

ÉDITIONS BOSSARD
140, BOULEVARD ST-GERMAIN, 140
PARIS
1926

Le 29 août 1924 — jour anniversaire de Guise — à la suite de manifestations unanimes du Parlement, lors de la discussion de la loi de réintégration du général Sarrail, manifestations dont je m'honore d'avoir eu l'initiative, le Président de la République, sur la proposition du général Nollet, ministre de la guerre, conférait au général Lanrezac la grand'croix de la Légion d'honneur.

Le 6 septembre 1924, le ministre de la guerre et le maréchal Pétain se rendaient au domicile du général Lanrezac, à Neuilly-sur-Seine, pour lui en remettre les insignes. Lanrezac, accablé par le mal qui allait peu après l'emporter, avait revêtu la tenue de campagne qu'en août 1914 il portait à Charleroi et à Guise, avec la grand'-croix de la Couronne belge qu'en 1923 lui avait donnée le roi des Belges.

Pétain était en petite tenue de maréchal. Lanrezac, faisant effort pour se soulever, Pétain le prie de rester assis et prononce ces paroles : « Je suis heureux, mon général, d'avoir à remplir la mission de vous remettre aujourd'hui cette grand'croix que tous nous désirions vous voir décerner. Les services éminents que vous avez rendus à la Patrie n'ont pas été oubliés. La manœuvre en retraite que vous avez dirigée restera comme un exemple de ce genre de manœuvres. Nous avons tous eu l'impression qu'en l'exécutant vous avez préservé vos troupes d'un encerclement complet et sauvé en même temps votre armée et la France. »

« Je le crois ; j'ai fait ce que j'ai pu », répondit Lanrezac, et Pétain, dans les formes traditionnelles, remit à Lanrezac les insignes et lui donna l'accolade.

Le ministre de la guerre, s'avançant alors : « J'ai tenu, mon général, dit-il, à assister à cette remise. Je m'associe de tout cœur aux paroles du maréchal Pétain. Je n'ai jamais oublié que j'ai été votre élève et quel magistral enseignement vous nous donniez à l'Ecole de Guerre. Je suis heureux d'avoir pu vous faire donner cette réparation. »

I

Lanrezac contre l'offensive préconçue et systématique

Cette réparation, il n'aura pas dépendu du directeur du *Correspondant* ni de moi qu'elle ait été si tardive. En me permettant, en 1917 et en 1918, de signaler dans sa grande revue le grand rôle du général Lanrezac en août 1914 et d'affirmer qu'à Charleroi, en sauvant son armée, il avait sciemment sauvé la France, M. Trogan, le premier, a permis à la vérité de poindre et je tiens à lui en exprimer ma reconnaissance émue.

Je ne répéterai pas ce que j'ai dit à cette époque ; nous étions alors dans les ténèbres ; nous ne savions des débuts de la guerre que ce que nous disaient des écrivains, dont la bonne foi assurément est hors de cause, mais qui, n'ayant travaillé que sur des données officielles, avaient été abusés. Des erreurs étaient inévitables, même de ceux qui avaient exercé leur critique sur ces récits, faits en pleine guerre et qui visaient l'opinion plus que l'histoire (1).

« L'énigme de Charleroi », disait-on. Comme s'il y avait l'ombre d'un mystère dans cette action militaire, assurément la plus claire de toute la guerre ! Quand je fis entrevoir la vérité, elle s'imposa avec la force de l'évidence, et les témoignages éminents que je reçus me permettent de dire que l'armée, alors en guerre, fut grandement heureuse de voir que la justice commençait ainsi à être rendue à un chef, un grand chef, qui avait gardé toute son affection, et toute sa confiance.

Le général Lanrezac (2) était, en effet, avant

(1) Il me plaît ainsi de reconnaître que, dans le récit que je fis de l'offensive de Lorraine et de la bataille de Morhange (*Correspondant* du 25 avril 1918), la critique que j'ai faite du rôle du 20e corps commandé par le général Foch, est inexacte. Le livre récent de la Section historique de l'E. M. A. *les Armées françaises dans la grande guerre* en apporte la preuve. Mon excuse, — si excuse il doit y avoir, — est que ma documentation faisait état d'une note du G. Q. G. destinée aux ambassadeurs et ministres de France sur les opérations de la 2e armée en Lorraine.

(2) Son vrai nom était: de Cazernal, et il était authentiquement marquis. Les siens, sous la Restauration, avaient pris parti pour Napoléon; pour éviter des représailles ils prirent le nom de Lanrezac qui est

la guerre, l'une des grandes espérances de l'armée française et les meilleurs d'entre les officiers de grade supérieur voyaient en lui le généralissime désigné.

C'était une grande intelligence et un caractère ; il associait en lui ces deux qualités dont la rencontre est plus rare qu'on ne pense.

Devant son cercueil, le maréchal Fayolle lui a rendu, entre autres, ce témoignage : « Lanrezac a passé la majeure partie de sa vie à préparer la victoire en enseignant l'art de la remporter... C'est à l'Ecole de Guerre que je l'ai connu : sa réputation y fut vite bien établie... Certes, il y avait d'autres excellents professeurs, mais il était sans conteste le plus brillant de tous. Ceux qui savent quelle est la colossale influence d'une bonne doctrine de guerre sur le succès, garderont au général Lanrezac, avec moi, la plus vive reconnaissance. »

Quelle était donc cette doctrine de guerre ?

Les doctrines de guerre trouvent leur expression dans les règlements sur la conduite des grandes unités et leur application dans le

l'anagramme renversé de Cazernal. Lanrezac se contenta de cette roture volontaire, et à personne il ne confia son vrai nom et son titre. Au nom qu'il voulut il donna une noblesse infiniment plus haute que celle de celui qu'il avait...

plan de campagne, qui dispose la formation et le rassemblement des armées sur le théâtre présumé des opérations.

Après la guerre de 1870, l'armée française avait été mise en état de défensive à l'abri de l'admirable ligne de fortifications du général Seré de Rivière. La jeune armée subissait impatiemment cette contrainte ; l'esprit d'offensive s'empara d'elle en 1892, quand se conclut l'alliance franco-russe, mais il se subordonnait à l'idée de manœuvre, et les chefs, qui avaient combattu en 1870 et savaient la force militaire de l'Allemagne, le continrent dans les limites de la raison stratégique.

La doctrine de guerre, codifiée dans le règlement de 1895 sur la conduite des grandes unités, était fondée sur le combat de démonstration par des avant-gardes, laissant au gros le temps de s'engager, et sur l'expectative, l'attente d'une manifestation de volonté chez l'ennemi pour, ensuite, le manœuvrer, essayer de l'amener sur un terrain propice à l'engagement, mais à un engagement soutenu par des réserves pour parer aux incidents ou exploiter le succès. C'était l'art de la guerre, la prépondérance de l'intelligence — un chef et un état-major, mais ce dernier confiné dans son rôle d'organe d'étude et d'exécution de la volonté du chef.

C'est cette doctrine que Lanrezac professa à l'Ecole de Guerre, avec l'éclat que rappelait le maréchal Fayolle. Lanrezac croyait à la vertu de la manœuvre, et il admettait même, dans certaines éventualités, la manœuvre en retraite.

A cette doctrine vint, en 1910, s'en opposer une autre, partie de la petite chapelle qu'était le Centre des hautes études militaires : l'offensive préconçue, systématique, obligatoire, à outrance, sans souci des renseignements ni de la force de l'adversaire. Attaquer pour attaquer; « la rapidité de l'engagement garantit le mieux de la surprise et la violence de l'attaque assure l'initiative, l'adversaire assailli brusquement et brutalement ne songeant qu'à parer les coups et devenant incapable de toute offensive sérieuse », donc un engagement général et violent sur tout le front, empoigner immédiatement l'ennemi, lui sauter à la gorge, tout sacrifier à la rapidité, jeter d'un coup toutes ses forces dans le premier engagement, oser risquer, risquer tout : « dans l'offensive l'imprudence est la meilleure des sûretés ».

C'était là la négation même de la stratégie, la régression aux méthodes barbares, mais c'était aussi une conception bureaucratique, la suppression en fait du commandement et l'omnipotence des états-majors.

Cette doctrine primaire et primitive fit les pires ravages dans l'armée, car elle exploitait le sentiment inné de bravoure, la *furia francese:* l'idée de pusillanimité fut attachée non seulement aux vieilles doctrines, mais à la simple prudence, même aux objections qu'on osait présenter, et à quoi il était répondu par le terrible : c'est donc que vous avez peur !

Ce fut vite la doctrine à la mode, celle qui favorisait l'avancement. Pour conserver l'estime et la confiance de leurs subordonnés, peut-être aussi pour se consolider dons leur commandement, les grands chefs les plus sages sacrifièrent à ces imprudences, et il s'en trouva un aréopage pour les formuler dans le règlement de 1913 sur la conduite des grandes unités.

Sans qu'au dehors on s'en fut aperçu, il y avait, au moment de la guerre, deux partis dans l'armée : une immense majorité acquise à ces idées de bourrage, soit par enthousiasme, respect humain ou considérations d'avancement ; quelques isolés, demeurés fidèles aux idées de manœuvre et de prudence, mais qui les gardaient pour eux...

Un seul osa résister ouvertement : Lanrezac. « Si chaque commandant de corps subordonné, disait-il, a le droit de bourrer, tête baissée, sur le premier adversaire à sa portée, le commandant en chef est impuissant à exercer la moindre action directrice », et il concluait qu'avec une telle doctrine il suffisait d'un caporal pour mener la guerre. *Vox clamantis in deserto...* mais la voix était haute et on ne pouvait pas ne pas l'entendre ; c'était celle de la raison. Lanrezac, c'était le stratège dans le sens plein du mot, le manœuvrier. Et la manœuvre est le travail de l'esprit, la vue nette d'une situation, le jugement éclairé par le bon sens, la décision, le sens des responsabilités, que seul permet le caractère.

Lanrezac, a-t-on dit, avait mauvais caractère. Non, puisque tous ceux qui ont servi sous ses ordres l'adoraient et ont gardé de lui le souvenir le plus reconnaissant ; Lanrezac avait simplement du caractère. La confusion s'explique parce que le fait est rare. Depuis l'affaire Dreyfus et le régime des fiches, les généraux s'étaient pour la plupart doublés de diplomates : surveillant leurs propos, ils se souciaient de ne pas déplaire à ceux, quels qu'ils fussent, qui pouvaient avoir de l'influence sur leur carrière et ce souci ne pouvait s'exercer qu'au détriment du caractère. Lanrezac n'était ni politique, ni diplomate ; soldat seulement et soldat qui ne sait pas farder la vérité, il se préoccupait peu de plaire ou de déplaire ; aux puissants, à tous, il disait ce qu'il pensait, sans souci des conséquences.

Bref, une grande intelligence, un grand cœur, un grand caractère, un homme qui fait honneur à l'homme.

II

Lanrezac et le plan 17

Le calvaire de Lanrezac commença en 1910 quand cette terrible doctrine de guerre s'instaura, puis se codifia dans le règlement de 1913, enfin se réalisa dans le plan 17 par la faiblesse de ses pairs qui, cédant au vertige commun, basaient, sur cette doctrine de l'offensive sans restriction, les opérations éventuelles de la guerre. L'idée directrice du plan 17, c'est en effet la décision cherchée à l'Est et imposée par l'offensive, toutes forces réunies, des Vosges à Metz, la grande bataille en Lorraine, l'offensive intensifiée pour parer à une attaque brusquée, le Nord mis hors de la zone des opérations (1).

(1) Avec le livre célèbre du général Lanrezac : *le Plan de campagne français et le premier mois de la guerre* (Payot, 1920), il faut lire ceux du lieutenant-colonel Grouard : *la Guerre éventuelle* (Chapelot, 1913) — livre prophétique où était signalée l'erreur de l'of-

Lanrezac, fort du sentiment de la vieille armée et de l'organisation défensive de la frontière, affirmait que la grande bataille serait dans le Nord, que l'ennemi porterait son principal effort par la Belgique septentrionale, et que la prudence commandait de se caler sur la défensive — défensive active, s'entend — à l'Est pour porter tout l'effort de la manœuvre dans le Nord, et dans la région de Sambre et Meuse (1).

fensive par les Vosges —, et *la Conduite de la guerre jusqu'à la bataille de la Marne* (Chapelot, 1922), où le même auteur relate les conséquences de la réalisation de l'erreur contre laquelle il avait mis l'armée en garde. Voir également les livres du général Palat, *la Grande Guerre sur le front occidental* (Chapelot, 1917-1922), ainsi que les intéressants ouvrages de MM. Reginald Kann et Isaac : *le Plan de campagne allemand de 1914 et son exécution* (Payot, 1923); *Joffre et Lanrezac* (Chiron, 1922). Ajouterai-je que j'ai, le premier, publié le plan 17 et les instructions du G. Q. G. d'août 1914 dans mon livre : *la Bataille de la frontière : Briey* (Editions Bossard, 1920).

(1) Le général Herment fut le seul à prévoir l'extension du mouvement allemand jusqu'à Lille; il marqua pour ainsi dire les étapes de l'invasion de 1914 dans ses deux livres : *Considérations sur la frontière du Nord* (Chapelot 1913), l'*Etat des forteresses belges et sa répercussion sur la défense de notre frontière du Nord* (Lavauzelle, 1913). Est-il besoin de dire que cette prévision ne lui fut jamais pardonnée, et que, malgré son rôle admirable à Lille en août 1914, il subit une disgrâce, qui, sans être comparable à celle de Lanrezac, peut au moins en être rapprochée.

C'était aussi le sentiment de Gallieni, qui eut, avant Lanrezac, le commandement de la 5e armée, laquelle constituait l'aile gauche de notre dispositif. En mars 1914, Gallieni dirigea, au Centre des hautes études militaires, un kriegspiel dont le thème était la marche des armées allemandes en cas de guerre contre la France. Gallieni fit passer les armées allemandes par la Belgique : comme conséquence de son travail et des méditations qui en furent la conséquence, il adressa un rapport rappelant le grand rôle à jouer par les places de Dunkerque, Lille et Maubeuge dans notre défense, son regret de les voir si négligées dans notre plan de mobilisation ainsi que les inconvénients des mesures prises pour l'entrée en guerre de la 5e armée. Fut-il tenu compte de ces conclusions et quelles suites y furent données ? Jamais il ne me fut possible de le savoir, car, malgré mes instances, en 1919, au titre de rapporteur de la Commission de Briey, ce document ne put être retrouvé (1).

(1) Ce document me fut signalé par le général Weick, l'ami et le confident de Gallieni ; il dut être rédigé par le général Hély d'Oissel, qui était déjà chef d'état-major de la 5e armée. Peut-être fut-il détruit en exécution de l'ordre du général Joffre, du 1er septembre 1914, ordre qui me fut confirmé par cette lettre du ministère de la guerre, M. Clemenceau,

En mai 1914, le général Joffre nommait au commandement de la 5e armée le général Lanrezac, en remplacement de Gallieni : le choix était excellent car c'est à lui, comme on le verra, qu'est dû le salut de la France. Et, pour l'établir, je ne m'appuierai que sur le tome Ier de la publication du Service historique de l'Etat-major de l'armée, *les Armées de la*

en date du 30 juillet 1919: « Il est exact que les documents contenus dans les coffres-forts des membres du Conseil supérieur de la guerre ont été incinérés en exécution d'un message téléphoné du général commandant en chef des armées du Nord et du Nord-Est, en date du 1er septembre 1914, 8 heures du matin. Aucun inventaire des documents ainsi détruits n'a été retrouvé. Il est même probable qu'en raison de l'urgence imposée par les événements eux-mêmes il n'a pu en être établi ».

(Sur les détails de cette opération mon livre : *la Bataille de la frontière, Briey*, p. 52, 183--184).

Gallieni fut nommé, le 31 juillet 1914, adjoint, à titre de successeur éventuel, au général Joffre, commandant en chef des armées de l'Est. Malgré sa lettre de commandement, l'accès du G. Q. G. lui fut interdit, jusqu'à ce qu'il fut appelé à la défense de Paris.

« Je suis nommé adjoint de Joffre et son successeur éventuel, écrivait, le 5 août 1914, Gallieni au général Weick. J'ai demandé à rester quelque temps à sa portée, mais *on* préfère me conserver ici provisoirement... » Gallieni ajoutait (on venait d'apprendre le siège de Liège): « Remarque que les Allemands font la manœuvre que j'ai étudiée en mars dernier ».

France dans la Grande-Guerre, dont je tiens à proclamer, sur les points qu'il me fut donné d'étudier, la haute et courageuse impartialité (1).

Lanrezac prend immédiatement connaissance du dossier de mobilisation de la 5e armée et de la directive n° 1, corollaire du plan 17. Il en voit le défaut et le danger : aucun compte n'est tenu d'une attaque possible par la Belgique, on s'en tient à l'idée que la droite allemande n'ira pas au delà de la ligne Sambre et Meuse, qu'elle se portera de Malmédy sur Mézières et Sedan, et l'on assigne à la 5e armée la mission de prendre la contre-offensive dans la direction de Neufchâteau, c'est-à-dire dans la partie la plus impénétrable de l'impénétrable forêt de l'Ardenne. Il s'ouvre des impossibilités d'exécution à son Etat-Major, qui lui

(1) Bien qu'édité par l'Imprimerie Nationale en 1923, ce tome Ier fut, pendant près de deux ans, sequestré au ministère de la guerre, et sa distribution fut interdite. Voir à ce sujet dans *la République française* du 17 juin 1923 un article de M. Carville : « Une publication officielle sequestrée : la légende et la vérité ». Les rédacteurs de ce tome Ier sont : le lieutenant colonel d'infanterie Lambert-Daverdoing, le commandant d'infanterie Henri Carré, le capitaine d'artillerie Besson, le capitaine d'infanterie Denolle et le capitaine de cavalerie du Boys de Riocour.

Ce livre est actuellement la base de l'enseignement de l'Ecole de Guerre, et le rôle de Lanrezac y est présenté sous son vrai jour.

fait savoir que son sentiment est celui de Gallieni. Il va personnellement reconnaître, fin juin 1914, la zone belge où la 5e armée est appelée à opérer : c'est un vrai coupe-gorge.

En juillet 1914, l'horizon se charge, les menaces de guerre s'accentuent ; cette guerre, Lanrezac depuis longtemps la sait certaine. Fin juillet, il fait rédiger par son chef d'Etat-major et le 31 juillet, il adresse au général Joffre un rapport, où, après avoir envisagé les possibilités d'exécution de la mission confiée à la 5e armée, il fait entrevoir, — ce qui est l'objet même du rapport, — « que l'offensive de la 5e armée sur Neufchâteau répond à l'éventualité, d'ailleurs probable (1) où l'aile droite alle-

(1) J'ai découvert cette lettre, en juin 1919, au cours de mes recherches à la Section historique comme rapporteur de la Commission de Briey. L'original de cette lettre avait été glissé dans le plan 17. Comment ? je ne sais. Toujours est-il que l'un des officiers de l'état-major de Lanrezac, le commandant de réserve Helbronner, m'a affirmé l'avoir collée lui-même comme pièce n° 1 au livre d'ordres de la 5e armée. Le général Lanrezac n'en avait pas gardé copie ; c'est moi qui ai pu lui en procurer la copie d'après le texte original.

Lanrezac (*Plan de campagne français*, p. 56) donne des mots, « d'ailleurs probable » cette explication: « J'affirmais, non pas mon opinion, mais celle du commandant en chef, qui considérait l'éventualité en question comme certaine, alors que moi je n'y croyais

mande serait orientée sur Sedan, mais qu'il peut arriver qu'elle soit orientée beaucoup plus au Nord ; cela dépend évidemment de l'amplitude que les Allemands voudront ou pourront donner à leur mouvement enveloppant par la Belgique » et il ajoute :

« *Dans les études militaires allemandes récentes (et notamment dans le kriespiel exécuté en* 1911 *par le G. E. G.), on envisage couramment le passage par la Belgique de trois armées dont la plus septentrionale serait orientée vers Dinant, de façon à passer la Meuse entre Givet et Namur* (1) D'autre part, l'obstacle de la Meuse est doublé, entre Mézières et Givet, d'une formidable barrière boisée, épaisse de plus d'une journée de marche, où aucune armée ne peut s'engager, si elle sait les débouchés de sortie gardés. D'où il résulte que *l'armée formant la droite du groupe d'aile droite allemande ne peut être orientée qu'en amont de cette barrière, c'est-à-dire sur Sedan, ou en aval, c'est-à-dire sur Givet et plus au Nord. Il est clair que, une fois la* 5e *armée engagée dans la direction de Neufchâteau,*

guère. Dans une lettre écrite au général en chef à la veille de la déclaration de guerre, je ne voulais pas formuler sur les agissements de l'ennemi un avis diamétralement opposé au sien, alors que mes prévisions ne reposaient encore que sur des hypothèses ».

(1) Le livre de la Section historique a résumé cette lettre du 31 juillet, mais les passages en italiques ont été omis.

elle ne pourrait parer à cette dernière éventualité, qui n'est envisagée que pour mémoire. »

On ne pouvait, pour qui sait lire et veut comprendre, annoncer plus clairement l'éventualité de la menace d'enveloppement de l'aile gauche française par le Nord de la Belgique.

« La question ainsi posée, a écrit le général Lanrezac, j'espérais que le général Joffre voudrait la traiter à fond avec moi. On ne parut tenir aucun compte de mes observations. J'étais décidé à revenir à la charge; malheureusement la guerre éclata sur ces entrefaites. Des divers propos tenus par des officiers de l'entourage du général Joffre et aussi de la sérénité de celui-ci à envisager le danger que je lui signalais, j'en vins à croire que la directive n° 1 subirait à l'exécution des modifications importantes, toutes préparées d'avance, mais qu'on tenait secrètes. Je me trompais. »

III

La guerre : Lanrezac prévoit la manœuvre allemande par la Belgique et avertit en vain le haut commandement.

L'armée était partie vers la frontière menacée dans un grand élan de foi patriotique, les hommes confiants dans la bonté de leur cause, les officiers confiants également dans les doctrines de guerre qu'on leur avait enseignées, confiance qui, chez les brevetés, s'augmentait de leur foi dans le plan 17. Quand, le 4 août, on apprit la violation de la Belgique et que l'attaque se dessinait de ce côté, beaucoup montraient la plus grande joie : quelle chance ! plus ils mettront de monde en Belgique et plus facilement nous pourrons percer leur front ! Cet optimisme était particulièrement vif au G. Q. G. (1).

(1) Le Général Berthelot, aide-major général en août 1914, et dont M. Messimy, ministre à cette époque, a justement dit devant la commission de Briey qu'il fut le « véritable chef des

Mais que pensaient les grands chefs ? Les commandants d'armée n'avaient reçu du général en chef aucune indication sur ses intentions ; deux au moins montraient quelque réserve : Gallieni et Lanrezac. Lanrezac, particulièrement, jugeant le plan 17 très dangereux, partit avec des appréhensions, mais aussi avec la volonté très nette de suivre de près les événements, et de renouveler, le cas échéant, ses avertissements : « Tout général, a dit Napoléon, qui se charge d'exécuter un plan qu'il trouve mauvais et désastreux, est criminel ; il doit représenter, insister, pour qu'il soit changé, enfin donner sa démission plutôt que d'être l'instrument de la ruine des siens ».

Le 4 août, en arrivant à son quartier général de Rethel, Lanrezac apprend que les Allemands entraient en Belgique et commençaient l'attaque de Liège. Cette nouvelle confirme ses appréhensions : point de doute ; la manœuvre débordante va prendre une extension dépassant toutes les prévisions, la droite de leur masse de manœuvre, avec des forces considérables, opérera

opérations », déclarait ainsi le 19 août à M. Messimy en personne : « Plus nous aurons de monde à notre gauche, mieux cela vaudra ; cela nous permettra de mieux enfoncer leur centre ». (Chambre des Députés, 1919. Procès-verbaux de la Commission d'enquête sur la défense du bassin de Briey).

sur la rive gauche de la Meuse en aval de Namur :

Dès le 6 août, — lit-on dans le livre de la Section historique de l'E. M. A.., — les renseignements recueillis permettent au général Lanrezac de présumer l'existence d'une armée allemande de la Meuse forte de quatre corps et d'une ou deux divisions de cavalerie. Il rappelle donc au général en chef les observations présentées dans son mémoire du 31 juillet, à savoir que l'éventualité d'un mouvement des forces allemandes vers le front Givet, Namur ne saurait être envisagé comme rentrant dans le cadre de sa mission et de ses responsabilités tant que la zone de concentration de son armée ne serait pas modifiée (p. 309).

Le 7 août, l'ordre était donné à la 5e armée d'entrer en liaison sur la Meuse avec les troupes belges (p. 309), et au corps de cavalerie Sordet de conduire une vigoureuse action en Belgique.

Le 8 août, le général en chef adressait aux commandants d'armée une *Instruction générale n° 1*, qui prescrivait à la 5e armée « de resserrer son dispositif entre Vouziers et Aubenton, de façon à pouvoir monter une attaque en force sur tout ce qui déboucherait entre Mouzon et Mézières ou, le cas échéant, franchir de même la Meuse entre ces deux points. » Le 4e groupe de divisions de réserve recevait l'ordre « d'organiser une position autour de Vervins de manière à assurer un débouché, soit face au Nord, soit face à l'Est », en fait pour appuyer la gauche du dispositif initial en attendant l'armée anglaise. Les commandants d'armée étaient invités à préparer leurs ordres en vue de l'exécution de l'offensive générale et de « prescrire dès maintenant les mouvements préparatoires de nature à faciliter l'offensive et à la rendre foudroyante ».

L'important était d'aller au plus vite à l'aide de l'armée belge pour qu'elle puisse nous apporter son concours, mais une longue distance séparait cette armée belge de la 5e armée, et la Meuse jusqu'à Namur n'était pas gardée. Le 11 août, Lanrezac demande instamment au général en chef de l'autoriser à porter le 1er corps de Mézières à hauteur de Dinant pour flanquer son armée et remplir le rôle d'avant-garde au cas où, après être entré dans l'Ardenne belge, le gros devrait remonter vers le Nord. En effet, les patrouilles ont reconnu, de Namur à Dinant, une grosse force de cavalerie qui pourrait, en attaquant sérieusement un point de passage, se porter sur la ligne de communications du 1er corps. Le général en chef acquiesce le 12.

Le 13, une nouvelle instruction était adressée aux commandants des 3e, 4e et 5e armées.

Le G. Q. G. estime que « notre aile gauche n'aura peut-être pas le temps d'aller chercher la bataille au Nord de la Semoy et de la Chiers »; il prescrit de prendre, dès le 14, des dispositions en vue d'une bataille à livrer le 15 ou le 16 ; la 5e armée restera devant Mézières et attendra, pour contre-attaquer, que l'ennemi ait engagé une partie de ses forces sur la rive gauche de la Meuse. Cette prudence semble manifester que l'on commence à se rendre compte de la réalité des appréhensions de Lanrezac sur la menace d'enveloppement, mais on ne veut pas encore paraître lui donner raison en l'autorisant à remonter la 5e armée sur la Sambre.

Les renseignements qui se multiplient donnent à Lanrezac et à son état-major l'impression qu'il n'y a pas une minute à perdre pour faire face à la manœuvre débordante de l'ennemi sur la rive gauche de la Meuse. Il envoie, le 13, au G. Q. G., à Vitry, son chef d'état-major, le général Hély d'Oissel, qui n'obtient rien. Le 14, Lanrezac y va en personne : à 13 heures, il voit le général Joffre, assisté du major général Belin et de l'aide-major général Berthelot, à qui il expose ses craintes que les Allemands ne prennent l'offensive en grandes forces par la rive gauche de la Meuse, et le danger qui en résulterait pour l'aile gauche de son armée. Le général Joffre et ses deux collaborateurs répondent : « Nous avons le sentiment que les Allemands n'ont rien de prêts par là. »

Or, lit-on dans le livre de la Section historisque, « cette menace n'est pas ignorée du G. Q. G., puisque, d'après le bulletin de renseignements paru à 6 heures, il considère que les mouvements ennemis, qui s'effectuent sous le couvert de travaux de campagne exécutés sur l'Ourthe, ont probablement pour objet la mise en place derrière cette rivière des corps d'armée allemands destinés à former la masse de manœuvre de droite. Il estime, de plus, que le groupement des forces s'étendant de la pointe nord du Grand Duché à la frontière sud du Limbourg hollandais pourrait comprendre huit corps et quatre divisions de cavalerie (p. 327). »

Ainsi, depuis le matin, ses interlocuteurs avaient la preuve de la réalité de la crainte de Lanrezac et, non seulement ils ne lui faisaient pas connaître ces renseignements essentiels, mais ils lui affirmaient que les Allemands n'avaient rien de prêt par là (1).

(1) Interrogé sur le fait que le G. Q. G. aurait assuré à un commandant d'armée qu'il avait devant lui moins de forces que ledit G. Q. G. savait qu'il en avait en réalité, le général Berthelot répondait : « Devant l'hésitation que certains éléments mon-

En rentrant, à 14 heures, à son quartier général Lanrezac trouve ce bulletin de renseignements arrivé en son absence ; il signale sur-le-champ le fait au général en chef et lui déclare :

Ces renseigements, parvenus à ma connaissance, postérieurement à notre entretien, me paraissent préciser la menace d'un mouvement enveloppant exécuté avec des forces considérables par les deux rives de la Meuse... Je ne serais pas en repos avec ma conscience si je ne vous répétais encore, devant la précision de vos derniers renseignements, que le transport éventuel de la 5e armée vers la région Givet, Maubeuge (en laissant un corps et deux divisions de réserve sur la Meuse en liaison avec la 4e armée) me paraît devoir être étudié et préparé dès maintenant. *Ceci dit, je suis prêt à exécuter vos ordres, quels qu'ils soient* (1) (p. 327).

traient à l'attaque, il y avait parfois utilité à leur dire : allez, vous avez devant vous moins de monde que vous croyez. Cela c'était dans un but d'intérêt général, et non pas d'intérêt particulier. Il est certain que, dans une attaque, il y a des troupes plus ou moins sacrifiées : il faut tout de même qu'elle attaquent, même si elles ont affaire à des troupes supérieures. Si on n'attaquait que quand on est sûr que l'ennemi est plus faible, on n'attaquerait pas souvent ». (Chambre des Députés. Procès-verbaux de la Commission de Briey, 1re partie, p. 132).

(1) Cette dernière phrase a été omise dans la reproduction de cette lettre par la Section histo-

Le même jour, à 18 h. 20, par ordre du général en chef, l'aide-major général Berthelot mandait à Lanrezac qu'il ne voyait que des avantages à l'étude de ce mouvement, mais que « la menace est encore à échéance lointaine et sa certitude loin d'être absolue ».

Or, à l'heure même où ces lettres s'échangeaient, l'ennemi cherchait à s'assurer des points de passage sur la Meuse, et spécialement à Dinant, au point précis signalé par le commandant de la 5e armée : le 1er corps envoyé par Lanrezac pour maîtriser fortement la Meuse en aval de Givet arriva à temps.

L'après-midi du 14 août (1), l'ennemi déclenchait une forte attaque qu'il intensifiait le lendemain contre Dinant, il forçait même le pont, mais, après une victorieuse contre-attaque française, Dinant était réoccupé. Cet incident ouvrit de force les yeux du G. Q. G. sur la justesse des appréhensions de Lanrezac. Le 15 août, à 8 heures, le général Berthelot lui téléphonait que le général en chef l'autorisait « à disposer en vue de porter deux corps en plus

rique. Je découvris cette lettre, en 1919, et je l'ai le premier, reproduite intégralement dans mon livre : *la Bataille de la frontière. Briey*, p. 79.

(1) C'est-à-dire à l'heure de l'entretien de Lanrezac avec le général Joffre.

du 1er corps dans la direction du Nord pour répondre à l'éventualité envisagée par le général Lanrezac dans sa lettre du 14 août, 14 heures, mais que le mouvement ne sera exécuté que sur l'ordre du commandant en chef ». Lanrezac donne aussitôt ses ordres en vue d'effectuer, dès le lendemain, ce difficile déplacement général de son dispositif vers le Nord-Ouest ; mais, hélas ! il était trop tard ; le retard d'une idée entraînait le retard d'une armée !

Il est juste de dire que le G. Q. G., s'il n'avait pas voulu se rendre aux raisons de Lanrezac, ou plus exactement les admettre devant lui, avait pourtant reconnu la possibilité de cette menace d'enveloppement et essayé d'y opposer un commencement de parade en dehors de la 5e armée, car il ne croyait pas que la menace pût être bien sérieuse, et il escomptait au surplus que l'offensive dans l'Ardenne belge, en crevant le front ennemi, en empêcherait le développement. Ainsi avait-il envoyé dans le Nord le 4e groupe de divisions de réserve, qui devait, dans ses desseins, appuyer l'armée anglaise ; et deux divisions d'Afrique affectées à la 5e armée, en remplacement du 2e corps, furent amenées dans l'entre Sambre et Meuse.

La 5e armée commença donc, le 16, son mouvement vers la Sambre ; le 17, le maréchal

French avisait Lanrezac que l'armée anglaise ne serait prête à entrer en opérations que le 24 au plus tôt (p. 346) ; le 18, l'armée belge se mettait en retraite et le corps de cavalerie Sordet, épuisé par un raid ininterrompu de dix jours, se repliait sur la Sambre. L'offensive des 1re et 2e armées en Lorraine et en Alsace échouait à Morhange et le général commandant la 2e armée prescrivait, le 20, un repli général.

Le 21, l'ordre était donné aux 3e et 4e armées de commencer leur offensive : le contact était pris le 22, mais l'insuccès était si peu douteux (1) que, dans la nuit, le général de Langle reconnaissait l'impossibilité, pour plusieurs de

(1) Le 23 août, à 0 h. 55, le général de Langle rendait ainsi compte au général en chef de la situation de son armée : « Tous les corps ont été engagés avec des résultats peu satisfaisants dans l'ensemble et un échec sérieux dans la région de Tintigny et d'Ochamps. Les succès acquis en avant de Saint-Médard et de Maissin ne pourront être maintenus ». Et le rédacteur de la *Section historique* ajoute que « l'idée que le général se fait de son armée, le 22 au soir, n'est pas loin d'être exacte dans l'ensemble et que la situation se modifiera défavorablement au cours de la nuit » (p. 408).

Ce m'est un devoir de signaler que, ne connaissant naturellement pas ces documents, l'attitude d'obéissance passive, que, dans mon livre sur *Charleroi*, j'ai d'après des témoignages directs, prêtée au général de Langle, doit être rectifiée.

ses corps d'armée, d'exécuter les ordres donnés pour le 23 (p. 423) et que, ce jour même à 6 heures, il mandait au G. Q. G. qu'il se voyait dans la nécessité d'envisager « pour la nuit le repli de ses corps sur la rive gauche de la Meuse et qu'il faisait préparer la destruction des ponts » (p. 424). Le G. Q. G. lui répondait à 8 h. 30 qu'il fallait reprendre l'offensive le plus tôt possible, car il n'avait devant lui que 3 corps ennemis environ (p. 425). Le général de Langle répliquait, à 10 heures, que « la désorganisation de 3 brigades du corps colonial, la retraite du 17e corps qui a entraîné le repli du 11e et du 12e, ont créé une situation générale qui impose la nécessité absolue de reformer les unités dissociées sur une position de repli » (p. 426).

Le 23 août, c'était le jour de Charleroi et la 4e armée devait préparer l'effort de la 5e armée... Ces documents éclairent tragiquement la situation. Et pourtant, ce même jour, à 7 heures, le général en chef en possession de ces renseignements rendait compte en ces termes de la situation au ministre de la guerre :

Au Nord, nous tenons toujours la Meuse dans la région de Dinant. Par de violentes attaques, l'ennemi a pu déboucher de la Sambre entre Charleroi et Namur. Nous conservons de fortes réserves qui ne sont pas encore engagées. Enfin l'armée anglaise va entrer en action à notre gauche.

Nous avons pris depuis hier l'offensive avec des forces considérables entre la région de Longwy et celle de Mézières. Dans la partie droite (front Longwy, Virton) l'action se poursuit, mais nous ne progressons que lentement malgré une supériorité numérique marquée, et bien que notre artillerie ait presque partout fait taire l'artillerie adverse. Dans la partie gauche (de Virton à la Meuse) se développe une action en terrain parfois difficile. Ici encore nous avons une progression numérique considérable. Toutefois l'ennemi, dont nous atteignons les colonnes en marche vers l'Ouest, doit être de son côté dans une situation difficile...

Dans l'ensemble, la manœuvre stratégique est, par conséquent, terminée. *Elle a eu pour objet et pour résultat de mettre le gros de nos forces au point qui pourrait être pour l'ennemi le plus sensible et de nous assurer une supériorité numérique. La parole est maintenant aux exécutants qui ont à tirer parti de cette supériorité.* La question est donc une question de valeur, valeur de commandement et valeur de troupe et surtout une question de persévérance dans l'exécution (1).

En cas d'échec, la responsabilité tombera sur les subordonnés...

(1) Cette lettre, que déjà j'avais, en 1919, publiée dans mon livre *la Bataille de la frontière. Briey*, est reproduite dans les annexes du tome Ier du livre de la *Section historique* (p. 841, annexe n° 1.044).

IV

Charleroi

La 5ᵉ armée ne fut groupée sur ses positions de la Sambre que le 21 août à midi. Le 1ᵉʳ corps, gardant la Meuse et la Sambre, était en fait indisponible pour une offensive ; seuls les 10ᵉ, 3ᵉ et 18ᵉ corps pouvaient être employés ; le corps de cavalerie Sordet gardait le canal de Charleroi ; les divisions de réserve étaient encore dans la région Vervins-Hirson; l'armée anglaise, ayant achevé ses débarquements, ne pouvait déboucher sur son front de combat que le 23 au plus tôt ; l'armée belge était en retraite sur Anvers, Liège entièrement aux mains des Allemands, et Namur, déjà investie, ne semblait guère pouvoir fournir une longue résistance.

Lanrezac ne dispose donc, en fait, que de 3 corps d'armée ; il évalue à 9 ou 10 corps l'ennemi qu'il a devant lui, donc la décision sera cherchée de son côté. Son armée est en position dans une région de grandes houillères, un vrai dédale d'habitations, avec très peu d'emplacements découverts, l'action de l'artillerie y est impraticable.

Il sait qu'il a, à sa droite, sur l'autre rive de la Meuse, un groupe de forces important qui guette l'occasion de franchir le fleuve pour le prendre à revers et le séparer de la 4e armée. Aussi met-il résolument son armée en position défensive, interdisant notamment d'aller dans les fonds de la Sambre autrement que par des détachements chargés d'empêcher les éclaireurs ennemis de passer (1).

Les Allemands, qui ont débouché du front Namur-Bruxelles et exécutent une conversion autour de Namur, prennent successivement le contact des nôtres sur la Sambre. A l'insu de Lanrezac (p. 451) et contrairement à ses ordres, les avant-gardes des 10e et 3e corps, emportées par la fougue offensive, s'engagent à Tamines

(1) *Section historique.* Annexes, p. 644, n° 760. Voici le texte de cet ordre, daté du 21 août, à 16 heures : « Les corps d'armée feront tenir par des postes les ponts de la Sambre sur leur front. Ces postes auront la mission, non pas de résister dans le fond de la vallée à des attaques de toutes armes, mais simplement d'arrêter des incursions éventuelles de cavalerie. Ils devront être renforcés dès que l'ordre de franchir la Meuse sera donné ».

et à Roselies dans de violents combats, où elles subissent des pertes considérables et compromettent ainsi l'effort offensif qu'elles peuvent être amenées à donner. Le seul espoir est dans le succès de l'offensive de la 4e armée à droite, et à gauche dans le débouché de l'armée anglaise.

L'ennemi poursuit sa poussée le 22 ; la 19e division du 10e corps et la 5e division du 3e corps attaquent, malgré les ordres donnés, et, après des engagements très violents où elles s'usent, se voient obligées de se replier. L'armée anglaise n'est pas encore arrivée sur ses positions, mais le 1er corps est relevé de sa garde vers la Meuse et peut être utilisé par Lanrezac qui le met en appui du 10e corps.

> Ma conviction, déclare Lanrezac, est que l'armée ennemie, que la 5e armée a devant elle, a pour rôle de la maintenir, la décision étant confiée à une armée d'aile droite fortement constituée qui s'avance à grands pas contre les Anglais qu'elle va menacer de front en même temps qu'elle les débordera sur leur gauche.

Avec l'armée signalée sur la rive droite de la Meuse, c'est la menace très nette d'un double enveloppement ; le G. Q. G. reçoit l'information le 22 au soir que, derrière 3 divisions de cavalerie s'avancent 5 corps d'armée vers le front Mons-Charleroi, qu'ils semblent suivis de formations de réserve appartenant à 3 autres corps, que 2 corps d'armée investissent Namur et que, sur la rive droite de la Meuse, sont signalés des troupes de toutes armes et des renforts (p. 468). D'autre part, l'échec total de l'offensive de la 4e armée est un fait acquis : Lanrezac néanmoins mande au général de Langle, le 23 à 10 heures, qu'il est du plus haut intérêt que l'action de gauche de la 4e armée se fasse sentir le plus tôt possible sur la Lesse « afin de libérer la 5e armée du souci de se garder contre les tentatives de l'ennemi s'efforçant de franchir la Meuse entre Givet et Namur » (p. 469).

Le 23 août est le jour où l'offensive, ordonnée par le G. Q. G., paraît à Lanrezac pouvoir être tentée, dans des conditions prudentes, et dont le 1er corps doit être le principal agent : à cet effet, celui-ci a été posté à la droite du 10e corps pour attaquer en flanc le groupe ennemi qui agit contre ce corps d'armée.

La bataille s'engage sur toute la ligne à 7 heures ; le 1er corps est en place à midi ; Franchet d'Esperey va déclencher l'attaque, quand, à 13 heures, il apprend que derrière lui les Allemands ont forcé la Meuse ; il arrête son offensive, devançant, par cette initiative heureuse, les ordres de son commandant d'armée, et il porte sur le point menacé le gros de la division Deligny.

Lanrezac a établi à Philippeville son poste de commandement : il apprend, coup sur coup, que la 4ᵉ armée se replie sur la Sambre, que la Meuse a été franchie par des troupes allemandes, qui ont occupé le plateau d'Onhaye ; que l'armée de droite allemande se rabattant de Bruxelles sur Mons va arriver au contact de l'armée britannique qu'elle semble vouloir attaquer sur son front et sur le flanc gauche. Il rentre à son quartier général de Chimay pour être mieux à même de recevoir des nouvelles et des instructions du général en chef. Là il reçoit la confirmation de ces nouvelles inquiétantes et d'autres encore ; Namur est prise, l'armée anglaise s'est arrêtée et l'on peut prévoir qu'elle sera dans l'obligation de rétrograder (1);

(1) Le livre de la *Section historique* établit qu'en même temps que Lanrezac, le maréchal French eut l'idée de la retraite : « Dès le début de la soirée, le maréchal French semble avoir envisagé le repli de l'armée anglaise, car, à 20 heures, le général Sordet télégraphie de Maubeuge à la 5ᵉ armée que « l'armée anglaise, après l'engagement de ce jour, a demandé à traverser la place de Maubeuge pour se retirer sur le front Bavai, Maubeuge ». Effectivement, dans le milieu de la nuit, l'ordre est donné à l'armée anglaise de se replier, le 24 au matin, sur la ligne Maubeuge-Valenciennes (p. 478).

de mauvaises nouvelles parviennent également sur les 3e et 18e corps.

Je suis en proie, écrit Lanrezac, à une inquiétude extrême. On ne dira pas que mes craintes sont vaines, car, si grand que me paraisse le danger, il l'est davantage encore, car partout l'ennemi est plus nombreux que je ne crois. Charleroi n'est pas loin de Sedan... Fuir n'est pas un acte glorieux; mais agir autrement, ce serait vouer mon armée à une destruction totale, qui rendrait irréparable la défaite générale subie à ce moment par les armées françaises sur tout le front des Vosges à l'Escaut... La retraite immédiate s'impose; je prends le parti de l'ordonner.

A 21 h. 30, il rend compte de sa décision au général en chef :

Le 3e corps, attaqué à 16 heures, s'est replié sur Walcourt. Ennemi menace ma droite sur la Meuse; un détachement d'infanterie passant à gué au nord d'Hastière a réussi à occuper Onhaye, Givet menacé, Namur enlevé. Etant données cette situation et la retraite de la 4e armée, décide replier armée sur front Beaumont-Givet (p. 471).

Le 24, à 3 h. 45 du matin, le G. Q. G. était avisé de la retraite de l'armée anglaise. Le même jour, à 9 h. 35, le général Joffre ratifie cet ordre et prescrit à la 5e armée de manœuvrer en s'appuyant à la place de Maubeuge et, par sa droite, au massif des Ardennes.

Le 10 mai 1918, rendant compte, le premier, de ces faits dans *le Correspondant,* j'ai écrit que c'est à cette décision de Lanrezac que la France dut son salut, qu'elle faisait tomber dans le vide la manœuvre allemande, et que la rupture du combat impossible de Charleroi, en sauvant la 5e armée et toute l'aile gauche, permit seule la victoire de la Marne.

Aujourd'hui le fait est reconnu et déjà entré dans l'Histoire. Pétain l'a proclamé, d'autres le diront et le rediront plus nettement encore. Ce qu'il faut simplement retenir, c'est ce qu'il a fallu de force d'âme à Lanrezac pour prendre une telle décision. Un chef, à qui l'on n'en saurait remontrer sur les points d'honneur et d'intelligence militaires, le général de Maud'huy, lui a rendu ce témoignage :

Le général Lanrezac, de sa propre initiative, donne, le 23, l'ordre de retraite. Bien peu de gens peuvent apprécier, comme il le mérite, le courage civique nécessaire à un chef pour donner un ordre de retraite que lui-même n'a pas reçu et qu'il considère cependant comme indispensable. Ce sera sacrifier sa réputation, risquer son honneur militaire pour le bien de l'armée et de la nation. Le général Lanrezac a eu ce courage admirable. Il aura été, au premier chef, un général et un soldat. Le G. Q. G. entérine la décision, mais ne la pardonnera pas. Et cependant, si la 5e armée s'était obstinée, le succès improbable qu'elle eût pu, dit-on, — et je ne le crois pas, — momentanément remporter, aurait aggravé la situation : elle eût été débordée, rejetée à l'est, coupée de Paris, prise peut-être. L'initiative du général Lanrezac a sauvé son armée; en la sauvant, il a rendu possible la victoire de la Marne, le salut de la France (1).

(1) *Gaulois*, 6 mai 1920.

V

La victoire de Guise et ses conséquences

La retraite consécutive de la rupture de combat du 23 août présentait, quant à l'aile gauche marchante, des difficultés extrêmes, du fait de deux grands dangers, dont il semble que le G. Q. G. n'ait surtout vu qu'un : d'une part la menace d'enveloppement, à l'extrême gauche, de l'armée anglaise, talonnée par la marche foudroyante de l'armée von Kluck, et d'autre part la solution de continuité de quarante kilomètres entre la 5e et la 4e armées, qui permettait à l'armée von Hausen d'envelopper la droite de la 5e armée et de la couper du reste du front. Le G. Q. G. n'était préoccupé que de la menace de gauche, Lanrezac l'était autant de celle de droite

Le 25 août, Joffre, jusque là un peu trop dominé par son entourage, voit la manœuvre à faire et son instruction de cette date la précise : faire rétrograder les armées de l'aile gauche jusqu'à ce qu'elles trouvent des positions assez fortes pour permettre aux troupes de se rétablir et de couvrir Paris à bonne distance ; c'était les collines de Laon et de l'Aisne, la seconde ligne de défense, organisée par Seré de Rivière, mais que malheureusement on avait laissée à l'abandon ; — et, pour arrêter la marche de l'aile droite allemande, la constitution de la 6e armée Maunoury, prélevée en partie sur nos armées de l'Est, et qui devait se rassembler suivant les circonstances, soit en avant d'Amiens, soit en deçà de la Somme. C'était la première manifestation de l'idée génératrice de la bataille de la Marne : venue trop tard, elle ne pouvait donner son fruit, à la date escomptée pour le retour offensif qui était dans les intentions du général en chef.

Le principal effort de l'ennemi se porta sur l'armée anglaise qui eut à subir la pression formidable de l'armée von Kluck, et qui, malgré sa vaillance, se vit bientôt dans l'impossibilité de contenir des forces trois supérieures et d'arrêter ou même de retarder cette avance. Le 26 notamment, au Cateau, cette armée fut attaquée par des forces doubles des siennes ; elle tint ferme, mais son corps de gauche, très éprouvé, se vit un moment enveloppé par la cavalerie allemande et il fallut l'intervention heureuse de notre corps de cavalerie Sordet pour lui permettre de sortir de ce mauvais pas. Il ne serait pas impossible qu'à ce moment le maréchal French ait pris la détermination — que les instructions de son gouvernement, d'ailleurs, lui permettaient — de se retirer du combat et de poursuivre, par ses seuls moyens, sa retraite jusqu'où il jugerait bon.

Pour venir en aide à l'armée anglaise et lui permettre de se reprendre, le 28 août, au matin, alors que la 5e armée était en mouvement pour s'établir au sud de l'Oise, de Guise à Aubenton, le colonel Alexandre, du G. Q. G., apporta à Lanrezac l'ordre « de prendre l'offensive à fond sur Saint-Quentin, et cela le plus tôt possible, sans s'occuper des Anglais (1). »

Pour accomplir un tel changement de front à angle droit, il fallait pour le moins une journée, et le mouvement était d'autant plus délicat qu'en se dirigeant ainsi vers l'Ouest la 5e armée

(1) En recevant ces ordres, Lanrezac dit à son chef d'état-major, le général Hély d'Oissel : « Je me demande s'il est honnête d'obéir contre ma conscience et si je ne devrais pas renoncer à mon commandement ». Hely d'Oissel répondit : « Si votre commandement était passé en d'autres mains, la 5e armée n'existerait plus ; elle aurait été prise à Charleroi ».

risquait d'être attaquée par la 2e armée allemande qui la suivait depuis Charleroi, et de voir la 3e armée von Hausen la déborder en se jetant dans l'intervalle de 40 kilomètres qui la séparait de la 4e armée : c'eût été la réédition de Charleroi. Lanrezac en fit l'observation au général en chef qui lui dit qu'il s'exagérait l'importance des forces allemandes qui étaient au Nord de l'Oise et qu'un corps d'armée suffirait à le couvrir de ce côté (1).

(1) Le 27 août, le général Joffre avait signé l'ordre suivant, écrit de la main de l'aide-major général Berthelot. « N° 2.500. 27 août (sans indication d'heure). Commandant en chef à commandant armée, Marle. De certains renseignements reçus, il apparaît que des éléments des 7e et 9e corps, faisant partie de la 2e armée allemande qui vous est opposée, sont laissés devant Maubeuge. Il est donc possible de venir en aide à l'armée anglaise en agissant contre les forces adverses qui se porteraient contre elle à l'Ouest de l'Oise. En conséquence vous porterez votre gauche demain matin entre l'Oise et Saint-Quentin pour attaquer toutes forces ennemies marchant contre l'armée anglaise. JOFFRE ».

Et voici la copie de l'ordre écrit que Lanrezac exigea avant de commencer ses opérations, (dont il parle à la p. 226 de son livre le *Plan de campagne français*) et que le général en chef signa au quartier général de la 5e armée : « Marle, 28 août, 9 heures. La 5e armée attaquera le plus tôt possible les forces qui se sont engagées hier contre les Anglais. Elle se couvrira à droite avec le minimum de forces et

Lanrezac prit donc, le 28, des dispositions pour exécuter la mission terriblement difficile qui lui était assignée : « le salut de la France est entre vos mains », lui avait dit le général en chef. Pour une telle offensive, Lanrezac escomptait le concours d'un des corps de l'armée anglaise ; le général Douglas Haig lui avait loyalement promis d'attaquer à sa gauche le 29 au matin, mais le maréchal French, au moment où les colonnes de la 5e armée se mettaient en mouvement, révoquait cette promesse et prescrivait à son subordonné d'aller avec son armée se mettre au repos. Pour parer à cette défection, Lanrezac substitue les divisions de réserve Valabrègue, mais il est clair que l'offensive projetée sur Saint-Quentin se trouve déjà compromise.

Le 29 au matin, au moment où le général en chef arrivait à Laon au quartier général de Lanrezac, la nouvelle arrivait égalcment que la 2e armée allemande, dont le G. Q. G. n'avait pas voulu envisager la menace, venait d'atta-

s'éclairera de ce côté à grande distance. JOFFRE. » (*Section historique* de l'E. M. A. T. 3.413. G. Q. G.). L'exécution passive de ces ordres eût amené vraisemblablement l'anéantissement de la 5e armée.

J'ai trouvé, en 1919, ces ordres dans mes recherches à la Section historique ; ils n'ont pas, que je sache, été encore publiés.

quer en nombre le 10ᵉ corps sur l'Oise en amont de Guise. Lanrezac ayant prévu l'événement n'en fut pas surpris, et alors, seul, en présence du général en chef, il dicta l'ordre de bataille admirable, qui devait assurer la victoire de Guise : il fait stopper l'attaque sur Saint-Quentin et porte tout son effort sur le groupe ennemi qui vient de se manifester. Laissant au groupe mixte du général Abonneau le soin de surveiller l'intervalle entre la 5ᵉ et la 4ᵉ armées, il porte le 1ᵉʳ corps au secours du 10ᵉ sur l'Oise. Ce fut une des plus belles manœuvres de la guerre, et magnifiquement conduite par Franchet d'Esperey. Le gros de la 5ᵉ armée (3ᵉ, 10ᵉ, 1ᵉʳ corps, groupe Abonneau), prend l'avantage sur l'armée allemande, où est la Garde, et la refoule jusqu'à la crète au Sud de l'Oise.

C'était le premier succès de la guerre, mais il ne put être exploité. Les divisions de réserve, violemment contre-attaquées, avaient dû reculer ; le recul de l'armée anglaise découvrait la 5ᵉ armée à gauche, et le repli de la 4ᵉ armée vers Rethel la découvrait à droite et accentuait le périlleux intervalle : la 5ᵉ armée aurait eu à faire face à la fois au Nord, à l'Ouest et à l'Est. Le retraite s'imposait après la victoire : Lanrezac, une fois encore, le 29 août au soir, en prend spontanément la décision. Le général en chef, d'ailleurs, en avait de son côté envoyé l'ordre, mais, par une inexplicable circonstance, cet ordre, envoyé le 29 à 23 heures, ne parvint à Lanrezac que le lendemain 30 août, à 8 heures, par un message téléphonique de confirmation.

Pour juger de telles décisions, il en faut voir les réactions sur la manœuvre ennemie.

La retraite de Charleroi avait bouleversé les plans du grand état-major allemand, qui avait préparé la décision sur la Sambre et la Meuse : d'où le désarroi d'une victoire trop facile, qui amena un flottement dans tous les corps de l'aile droite, et qui s'accrut encore par le prélèvement sur la 3e armée von Hausen de deux corps pour le front oriental.

Mais le haut commandement allemand se ressaisit vite, et le 27 août, il donnait ces directions à son aile droite : 1re armée : la basse Seine par l'Ouest de l'Oise ; 2e armée : Paris par la Fère-Laon ; 3e armée : Château-Thierry par Laon-Guignicourt. Le succès de la 5e armée à Guise alarma vivement le commandant de la 2e armée, von Bulow, et son alarme impressionna de même le G. Q. G. allemand. Le lendemain même de Guise, le 30 août au soir, la direction de toutes les armées était décalée d'un front et demi d'armée vers l'Est (1).

C'est donc Guise qui amena le fameux infléchissement qui permit le redressement de la Marne, et l'on peut, sans exagérer, mettre à l'origine de la victoire de la Marne ces deux décisions de Lanrezac. C'est lui qui, par cette double initiative, sauva la situation et la France.

Par une coïncidence singulière, cette affaire de Guise qui avait désorienté le G. Q. G. allemand avait eu le même effet sur le G. Q. G. français. Il fallait une victoire décisive, on n'avait eu qu'un succès tactique, et maintenant le sort de Paris était en jeu. Le document suivant, antérieur au succès de Guise, semble indiquer que le G. Q. G. ait voulu préparer le gouvernement à de mauvaises nouvelles et que le repli d'une partie de la 5e armée sur Paris ait même été envisagé.

N° 2671. 29 août, 8 h. 20. Commandant en chef à ministre guerre. Des forces importantes débouchant de la région de Rocroi, j'ai dû prescrire le repli de l'armée du général de Langle en direction générale de Reims. D'autre part, l'offensive de

(1) Général Dupont, *le Haut Commandement allemand en 1924 au point de vue allemand*, avec préface du maréchal Joffre (Chapelot, 1922).

l'aile droite allemande, que je cherche à arrêter en la faisant attaquer par l'armée du général Lanrezac, peut menacer Paris. En conséquence, je prescris que la 45e division (3e d'Afrique) soit dirigée sur Paris. *La garnison du camp retranché serait complétée, s'il y avait lieu, par une partie de l'armée Lanrezac.* Joffre.

Il fallait poursuivre la retraite, jusqu'où ?

La 5e armée était à la pire place, découverte sur ses deux ailes. La retraite isolée et précipitée de l'armée britannique concentrait sur elle l'effort débordant des Allemands ; d'autre part, la substitution des divisions de réserve à la dite armée britannique à la bataille de Guise, avait mis ces divisions de réserve à la gauche de la 5e armée, à l'extrême aile marchante, c'est donc sur elles que devait porter le principal effort, or elles n'avaient pas l'entraînement d'un corps actif et avaient été très maltraitées dans cette affaire. Cette retraite de la 5e armée s'effectuait dans le secteur le plus difficile. Il n'est pas, dans l'histoire militaire, d'exemple d'une telle manœuvre, et aujourd'hui encore, après sa réalisation, on se demande si elle n'était pas au-dessus des forces humaines et comment un chef a pu tirer une armée de telles difficultés. « Je ne crois pas, a écrit Lanrezac, qu'il y ait jamais eu une armée qui ait subi une situation plus pénible que celle de la 5e armée dans la période du 30 août au 4 septembre. Par un prodige étonnant, nos corps d'armée passent quand même et restent en état de combattre, comme ils le prouveront le 6 septembre, où ils feront demi-tour et prendront une vigoureuse offensive ».

Le 2 septembre, la 5e armée voit la fin de ses épreuves ; elle atteint la Marne ; le corps de cavalerie Conneau l'étaie à gauche et l'armée Foch à droite. La sécurité relative de son armée assurée, Lanrezac respire enfin. Mais il reçoit alors une nouvelle instruction du général en chef prescrivant la continuation de la retraite et limitant, pour la 5e armée, le mouvement de recul en arrière de la Seine, qu'elle aura à franchir dans la partie s'étendant de Nogent à Bray. Cette décision avait été prise à la suite d'un conseil de guerre tenu, le 2 septembre 1914, à Bar-sur-Aube, et dont des témoins ont dressé le compte rendu que voici :

Après la bataille de Guise livrée par la 5e armée (général Lanrezac) et les combats livrés sur la Meuse et entre Meuse et Aisne par les 9e armée (général Foch), 4e armée (général de Langle) et 3e armée (général Sarrail), le général en chef avait pris la décision de battre en retraite. Cette retraite avait été imposée par les échecs subis sur la Semoy et la Meuse et par le mouvement débordant de l'aile droite allemande, qui, depuis son entrée en Belgique tentait d'envelopper notre gauche. C'est pour parer à cette menace d'enveloppement que le commandement français avait constitué à sa gauche une masse de manœuvre sous les ordres du général Maunoury, qui devait former la 6e armée.

Jusqu'où la retraite devait-elle être prolongée? Au G. Q. G. le général Berthelot, aide-major général, avait émis l'opinion très nette que la retraite devait aller jusqu'à la rive gauche de la Seine. Là on pourrait se réorganiser ; on se lierait à l'armée anglaise qui s'était repliée d'abord derrière la Marne et qui devait ensuite se porter vers Melun et Fontainebleau: ensuite on repasserait à l'offensive. Dans cette éventualité, on avait déjà commencé l'organisation de la rive droite de la Seine, on avait envoyé les officiers du G. Q. G. à Fontainebleau et à Melun avec la mission d'utiliser toutes les troupes disponibles des dépôts pour faire des abattis et creuser des tranchées. Mais tous ne partageaient pas l'optimisme du général Berthelot sur l'efficacité de ce mouvement de retraite et surtout sur la possibilité ultérieure de repartir à l'offensive.

Le 2 septembre, le G. Q. G. était à Bar-sur-Aube ; nous étions installés assez mal à l'école ; au fond et à droite était une salle plus petite dans laquelle le général Berthelot travaillait dans la journée et qui, la nuit, servait de chambre de repos aux officiers de garde.

Dans la journée du 2, le général Joffre fit appeler le lieutenant-colonel Pont, chef du 3e bureau, le lieutenant-colonel Dupont, chef du 2e bureau ; il était dans la petite salle indiquée plus haut, il avait auprès de lui le général Belin, major général et le général Berthelot, aide-major général. Il dit à peu près ceci: « Le mouvement de retraite qui a commencé après les batailles de Guise et de la Meuse se poursuit dans des conditions normales. Les armées sont arrivées actuellement sur la Marne. Nous sommes intacts. Nous avons eu quelques incidents fâcheux, quelques succès. Nous n'avons pu livrer la grande bataille. Allons-nous continuer à reculer ainsi comme des imbéciles sans avoir été battus? Je vous ai fait venir pour vous demander votre avis sur la situation. Lieutenant-colonel Pont, chef du bureau des opérations, vous êtes le plus jeune, parlez le premier ».

Le lieutenant-colonel Pont s'exprima à peu près en ces termes: « Comme vous venez de le dire, nous n'avons subi aucune défaite. Nous nous replions à cause de la situation stratégique qui n'est pas favorable. Ce mouvement de retraite qui n'est imposé par aucune obligation tactique a le grave inconvénient d'agir d'une façon déprimante sur le moral des troupes. La 4e armée est dans une situation difficile: elle tient un front immense: ses corps sont exténués. Plus on reculera, plus la fatigue de ses corps s'accentuera. *La 5e armée, au contraire, a vu son moral tout à fait rehaussé par la bataille de Guise, qui a été un vrai succès tactique: ceci est un indice que, plus tôt on s'arrêtera de reculer pour prendre l'offensive, plus tôt les troupes se remettront.* Si on attend d'avoir passé la Seine pour arrêter la retraite, on risque de voir les corps d'armée désagrégés ; de plus, il sera tout à fait impossible de refaire en avant le mouvement que l'on aura fait en arrière. La vallée de la Seine et de l'Aube, depuis Moret jusqu'à Troyes et au

Sud, est un long défilé marécageux de 3 kilomètres de long dominé sur la rive droite par une ligne de hauteurs très fortes: si on abandonne ces hauteurs, on ne les reprendra pas. Les Allemands les occuperont, mettront leur artillerie lourde en arrière, et arrêteront toute velléité d'offensive de notre part. En conséquence, j'estime que le recul jusqu'à la Seine est dangereux et qu'il faut tout essayer pour reprendre le mouvement en avant, avant d'aller jusque-là ».

Le lieutenant-colonel Dupont, chef du bureau des Renseignements, invité à donner son avis, parla spécialement du mouvement des colonnes allemandes. Il insista sur le danger que faisait courir à notre flanc gauche la marche de l'armée de von Kluck, qui semblait alors se diriger tout droit sur Paris.

Le général Berthelot prit ensuite la parole et défendit sa thèse: le repli derrière la Seine. Il fit remarquer que, depuis la Sambre et la Semoy, les troupes se battaient, qu'elles étaient très fatiguées, que dans leur état actuel elles étaient incapables d'aucun effort, qu'il était indispensable de leur donner quelques jours de répit et que, pour atteindre ce résultat, il fallait les mettre à l'abri derrière un obstacle, la Seine. Si l'on s'arrêtait une fois la Marne passée, on ne pourrait s'accrocher à aucun accident de terrain. Engager dans ces conditions une grande bataille dont dépendrait le sort de la France, c'était courir un gros risque, alors qu'en attendant quelques jours, on pouvait espérer des circonstances plus favorables.

Après le général Berthelot, le général Belin

parla. Il lut un article du *Temps*, première page(1), disant qu'avant tout il fallait durer, que la guerre ne faisait que commencer, qu'aucune grande bataille ne nous avait mis hors de combat, qu'il fallait gagner le temps nécessaire pour permettre aux Russes d'intervenir, que pour cela il fallait reculer pas à pas, harcelant l'ennemi, qu'on l'amènerait peut-être ainsi jusque dans le Morvan, jusqu'au plateau Central. Le général Belin termina en disant que l'avis exprimé dans le journal *le Temps* résumait son opinion.

Le commandant Gamelin, chef du cabinet du général Joffre, qui assistait à la conférence, prit à son tour la parole: en termes grandiloquents, il parla de la situation stratégique, de la manœuvre nécessaire pour amener les armées à la bataille, de considérations tactiques, de l'emploi des différentes armes, etc. ; son exposé n'amena aucune lueur dans la discussion.

Après quelques propos échangés, le général Joffre dit que, dans la situation actuelle, il partageait l'avis du général Belin et du journal *le Temps*, qu'il fallait durer, que l'on ne pouvait en ce moment engager une grande bataille avec des troupes aussi fatiguées et déprimées et que, en conséquence, la retraite continuerait.

La décision étant prise, on sortit de la salle de conférence.

Le 3 septembre, la 5e armée franchit la Marne sans encombre. Elle se trouvait dans une

(1) Cet article est le bulletin du jour du *Temps*, 2 septembre 1914, intitulé : « Durer c'est vaincre ».

position naturelle, n'ayant plus rien à craindre pour ses concentrations. A 17 heures, le général Joffre, accompagné du commandant Gamelin, arrivait à Sézanne, au quartier général de Lanrezac, et lui annonçait qu'il était obligé de lui enlever le commandement de la 5e armée : « Vous faites des observations à tous les ordres qu'on vous donne ! » — « Mais répliqua Lanrezac, les événements ont prouvé combien mes observations étaient fondées. Je m'incline, ajouta-t-il, devant votre décision, sachant qu'après une grande défaite il faut des responsables ».

VI

Les vraies causes de la disgrâce de Lanrezac

Pour essayer de justifier ou d'expliquer cette injustice sans nom, on mit en avant des raisons successives et diverses.

D'abord, on essaya de déshonorer Lanrezac et on l'accusa de pusillanimité ; il avait eu peur, il ne pouvait supporter les effets du feu : potins venimeux d'état-major, chuchotés d'abord à l'oreille et qui s'exprimèrent le 10 décembre 1914 dans un document intitulé : *Quatre mois de guerre,* émané du cabinet du général en chef, envoyé non seulement à l'armée, mais à tous les ambassadeurs.

En dépit de l'échec des Ardennes, — y est-il dit, — notre manœuvre pouvait réussir si notre armée de gauche, armée Lanrezac et armée anglaise, obtenait un résultat décisif. Ce ne fut pas le cas. Le 22 août, les Allemands, au prix de pertes d'ailleurs formidables, réussissaient à passer la Sambre et *le général Lanrezac, au lieu de contre-attaquer le 23, se repliait le 24 sur Beaumont, Givet, inquiet qu'il était des menaces que l'ennemi dirigeait, croyait-il, sur sa droite.*

Cette vilenie fut dictée à un officier subalterne du G. Q. G., qui, depuis, ayant connu la vérité, s'en excusa près du général Lanrezac.

Après, on invoqua des raisons de santé : Lanrezac était, disait-on, dans un état de dépression physique extrême ; il se reconnaissait lui-même hors d'état de continuer la campagne. On précisa : à Bordeaux, il en aurait fait, devant témoins, l'aveu au ministre de la guerre. Non seulement aucun des témoins invoqués ne confirmèrent le fait, mais tous déclarèrent avoir été émus par la dignité de l'attitude de Lanrezac, « par son stoïcisme vraiment romain », et le ministre de la guerre, M. Millerand, confirma que le général Lanrezac lui avait simplement dit qu'il n'en voulait en aucune matière au général Joffre et, « qu'à sa place il aurait agi de même ».

Peu avant sa mort, mis au courant de l'incident, Lanrezac affirma avoir seulement dit : « A la place du général Joffre, j'aurais agi comme lui ; nous n'avions pas la même manière de voir les choses, ni au point de vue tactique ni au point de vue stratégique ; nous ne pouvions pas nous entendre ». Et ajoutait-il pour commenter son propos: « J'étais bien décidé à ne pas attaquer le généralissime, car je n'avais pas le droit de juger ses actes sur les autres parties du champ de bataille. D'autre part, j'estimais de mon devoir de Français et de soldat d'éviter à mon pays une crise de commandement... L'ennemi était en France, moi je ne comptais pas (1) ».

Aujourd'hui on met en avant des raisons d'ordre diplomatique. Lanrezac n'aurait pas eu, avec le maréchal French tout le liant voulu ; il n'était pas un voisin commode : pour maintenir l'entente avec nos alliés, il fallait l'écarter. Assurément le maréchal French et Lanrezac n'avaient pas le même caractère et il eût été préférable qu'ils ne fussent pas voisins. Mais

(1) Tous les officiers de l'état-major de Lanrezac ont spontanément rendu hommage à la magnifique lucidité de son esprit. « Du 4 au 23 août, il a supporté une lutte avec le G. Q. G.,a écrit l'un d'eux, et l'inquiétude l'empêchait de prendre du repos... Il a eu à résister à une fatigue morale surhumaine... Le 3 septembre, le général était fatigué comme nous tous, mais le cerveau était lucide; c'était même le seul lucide ». Et un autre cite ce fait que, le 31 août au soir, après avoir paré, par une manœuvre extraordinaire, à une grave menace d'enveloppement par la cavalerie Marwitz, se promenant avec ses officiers dans le parc du château, où était son quartier général,inspiré par la poésie du lieu, il leur récita des odes d'Horace.

encore faudrait-il appuyer sur des faits cette accusation. Le maréchal French, dont les Mémoires attestent son incompréhension absolue de la manœuvre de Charleroi, a accusé Lanrezac d'avoir battu en retraite sans le prévenir : cette affirmation tombe devant le fait qu'au quartier général de Lanrezac, un officier anglais avait communication de tous les ordres et tenait le maréchal au courant. Il se peut qu'à Guise, quand l'armée anglaise refusa de coopérer à la bataille décidée pour la dégager, Lanrezac ait qualifié rudement cette attitude, mais est-il un officier français qui, à sa place, ne l'eût pas fait ? En tout cas, ces dissentiments, inévitables dans de pareilles circonstances de guerre, justifiaient-ils un tel ostracisme et la mise définitive à l'écart du grand chef dont la clairvoyance et la décision avaient sauvé, avec ses armées, la France ?

La vraie cause est ailleurs ; aussi bien, mis au courant après la mort de Lanrezac de cette cause donnée à sa disgrâce, le maréchal French, lui aussi près de sa mort, a-t-il donné un démenti catégorique à cette version :

« Je nie absolument — écrivait-il au général Edmunds, chef de la section historique du Grand Etat-major britannique — avoir jamais fait la moindre démarche, directement ou indirectement, près du général Joffre pour obtenir le déplacement ou le retrait de commandement du général Lanrezac. Le commandement de la 5e armée française fut changé quelque temps après que j'avais eu une conversation avec lui. J'ai toujours compris que Joffre avait été fâché de la conduite de la bataille de Guise, mais je n'ai jamais rien su de positif (1). »

(1) Malgré leur respect pour le maréchal French, qu'ils considèrent comme une gloire nationale, à laquelle il n'est point permis de toucher, bien des Anglais ont déjà rendu justice au général Lanrezac, et le sentiment public, d'abord tourné contre lui, commence à se redresser.

Le général Edmunds, chef de la section historique du War Office et chargé à ce titre de la rédaction de l'historique anglais de la guerre, a apprécié avec la plus grande impartialité le rôle de Lanrezac, et il conclut ainsi : « Si on le releva de son commandement ce fut parce qu'il vit trop clair. Le monde est injuste, mais il semble qu'il y ait plus d'injustice dans l'armée qu'il n'y en a, en général, dans toutes les autres branches de l'activité humaine ».

De même, dans le tome III de son livre : *The Crisis of the world,* lord Churchill a rendu pleine et entière justice au commandant de la 5e armée.

La mort de Lanzerac causa une sincère émotion en Angleterre; cet article du *Times,* 19 janvier 1925, en est un témoignage :

« On ne peut douter que Lanrezac n'ait été pris comme bouc émissaire des premiers désastres de l'armée française, désastres dont il n'était responsable en aucune façon... Lanrezac est connu par le public anglais d'après certaines remarques peu flatteuses fai-

Cette lettre du maréchal French apporte une explication importante, mais non décisive.

Si invraisembalble que cela paraisse, cette victoire de Guise fut, plus peut-être que Charleroi, la cause occasionnelle de la disgrâce de Lanrezac. Le G. Q. G. voulait une victoire décisive ; son aveuglement ne lui permettait pas de voir que de cette victoire il n'avait pas encore les moyens et il avait bâti une contre-offensive irréalisable parce que basée sur une vue erronée de la situation de l'ennemi et sur la coopération escomptée de l'armée anglaise. L'ordre donné à Lanrezac de se battre sur Saint-Quentin aurait amené la destruction de son armée ; Lanrezac voulait la bataille, il l'eut malgré le G. Q. G. au point où il la voulait et

tes sur lui par Lord Ypres dans son *1914*. Il est évident que les deux commandants en chef n'étaient pas bien ensemble, mais ceci fut probablement dû en grande partie à leur inhabileté à comprendre chacun le langage de l'autre. Il n'y a aucun doute cependant que Lanrezac fut un chef capable, qui se trouva dans une position extrêmement difficile et réussit, sans beaucoup d'aide du G. Q. G. français, à retirer ses troupes d'une situation extrêmement dangereuse. On a dit qu'il fut sacrifié parce que les événements prouvèrent qu'il avait eu raison et le haut commandement français tort. Quelle qu'ait pu être la cause de sa disgrâce, en lui l'armée française perdit dans les premiers jours de la guerre les services d'un de ses généraux les plus capables ».

comme il l'avait conçue, et ce fut une victoire.

Cette clairvoyance réitérée fut interprétée par les officiers du G. Q. G., incapables d'en deviner les conséquences, comme un acte de désobéissance. Un complot de sérail se fit contre le général victorieux : ses meneurs principaux furent le colonel Alexandre et le commandant Gamelin, qui trouvèrent le concours d'un officier, au moins, de l'état-major de Lanrezac, lequel n'avait rien compris et ne trouvait pas à son chef l'âme d'un victorieux, et celui aussi de la mission française auprès du G. Q. G. britannique, que Lanrezac avait vertement remise à sa place.

Tout ce monde-là fit pression sur le général Joffre, qui, malgré ses coups de boutoir, aimait Lanrezac et l'appréciait à sa valeur. Quand la relève fut accordée, le colonel Alexandre s'écria : « Enfin, nous avons Lanrezac ! » et le commandant Gamelin, contrairement à tous les usages et à toutes les convenances, accompagna Joffre pour l'empêcher de revenir sur sa décision.

C'est là sans doute une raison de la disgrâce, mais cela n'explique pas sa prolongation, car enfin la vérité fut vite connue, et l'injustice jamais ne fut réparée, ni même atténuée.

La vraie cause de la disgrâce de Lanrezac

fut sa clairvoyance : seul il avait vu juste et sa décision avait deux fois sauvé — et malgré lui — le haut commandement de la catastrophe où aveuglément il précipitait l'armée.

Lanrezac avait osé signaler l'erreur fondamentale du plan 17, qui est à l'origine de tous nos malheurs passés et de toutes nos difficultés présentes ; Lanrezac, pour certains, était, au point de vue stratégique, un hérétique, tenant compte des réalités plus que des doctrines, et ayant gardé la notion du terrain (1); Lanrezac croyait avant tout à la manœuvre, et même à la manœuvre en retraite. Il y eut conflit de deux mentalités militaires, de la raison contre le dogme. Les batailles d'août 1914 n'ouvrirent pas les yeux à tous ; ils se raidirent dans leur orgueil contre l'évidence et ils y persistèrent jusqu'à la néfaste offensive d'avril 1917. Les blessures d'amour-propre sont les plus douloureuses, celles qui se pardonnent le plus difficilement. Reconnaître qu'il avait eu raison, c'était proclamer qu'ils avaient eu tort ; Lanrezac était

(1) Ainsi dans une étude sur le début de la guerre, publiée en 1920 dans la *Revue de Paris,* et dont l'auteur est un général, commandant un de nos grands centres d'instruction militaire, on trouve, à propos de l'offensive des Ardennes, ce mot formidable :« Quand on le veut on se bat partout. »

la preuve gênante et vivante de la faillibilité de ceux qui s'étaient estimés infaillibles.

Comme le Christ, il pouvait dire : *Si non venissem et locutus fuissem eis, peccatum non haberent : nunc autem excusationem non habent de peccato suo.*

VII

Servitude et grandeur militaires
La justice enfin rendue

Cela, Lanrezac le sentait bien, et quand il annonça sa disgrâce aux officiers de son état-major, dont beaucoup pleuraient car ils savaient qu'il les avait sauvés, il dit simplement : « Triste fin de carrière ! » Il prévoyait l'acharnement que l'on mettrait contre lui, et il s'obligeait envers lui-même à ne point parler tant que l'ennemi serait en France. Un seul pourtant eut sa confidence, Gallieni, mais avant qu'il eut parlé, celui-ci avait compris et embrassé le vainqueur de Guise.

Quand fut formulée, dans le document du G. Q. G., *Quatre mois de guerre,* l'effroyable accusation de lâcheté, le drame devint terrible. On l'attaquait dans son honneur, il ne voulait pas se défendre et il devinait bien que cette perfidie avait pour but de rendre impossible tout nouvel appel à ses services. Grandeur et servitude militaires ! Il était frappé au cœur et à mort. Les siens m'ont fait l'aveu que lui, qui était la gaîté et l'exubérance mêmes, jamais, depuis, on ne le vit sourire.

Sa vie fut dès lors un incessant examen de conscience ; jusqu'à sa mort, il vécut avec l'idée fixe de Charleroi. Ai-je eu raison ? s'interrogeait-il en soi-même et devant les autres ; il cherchait des raisons contre lui et n'en trouvant pas, il disait, il redisait toujours : « Il n'y avait pas autre chose à faire ». Quand l'aveu de l'ennemi lui montra à quel point il avait vu juste, si sa conscience en fut apaisée, jamais il n'en triompha, même devant ses intimes ; jamais même il ne voulut croire au sublime de sa décision, où il ne voyait que le simple accomplissement de son devoir... Il ne récriminait pas comme il eût été en droit de le faire contre les auteurs de sa disgrâce ; il comprenait que leurs idées créaient entre eux et lui une incompatibilité absolue ; jusqu'en 1917, il souffrit cruellement pour la France que l'évidence n'eut pas aboli ces doctrines d'aventure...

L'échec de l'offensive de 1917 amena le retour nécessaire à la raison. A ce moment le ministre de la guerre, M. Painlevé, lui offrit le poste de major général des armées. Lanrezac refusa : « Ils ont sali mon nom, répondit-il, je n'aurais plus l'autorité morale nécessaire ». Il désigna Pétain : « C'est un de mes enfants, disait-il, et j'en réponds » ; il demanda pour lui à servir au front comme soldat. Le ministre ne lui accorda pas cette dernière satisfaction, mais il lui donna l'autre, et, le 3 juillet 1917, Lanrezac était élevé à la dignité de grand officier de la Légion d'honneur avec le motif suivant :

A commandé, au cours des premières opérations de la campagne, une armée qui a eu à supporter le choc de masses ennemies très supérieures en nombre. Par sa science militaire et l'habileté de son commandement a réussi à exécuter une manœuvre des plus difficiles au cours de laquelle il a remporté des succès marqués et a rendu au pays les plus éminents services.

C'était l'annonce d'un retour de la justice...

J'eus le grand honneur et le grand bonheur d'avoir pu en hâter le cours. En juillet 1917, j'avais publié dans *le Correspondant* une suite d'articles sur la frontière envisagée, tant au point de vue militaire qu'au point de vue économique (1). Je fus amené à examiner les pre-

(1) Ces articles du *Correspondant* furent réunis dans mon livre : « le *Secret de la Frontière* (1815-1871-1914). Charleroi ». (Editions Bossard 1918).

mières batailles dont cette frontière avait été le théâtre. Je m'étais donné comme règle de ne voir aucun des chefs qui avaient commandé, pour que mon jugement fût entièrement libre ; ma seule documentation fut le livre de M. Hanotaux. L'erreur de ses conclusions m'apparut, et je compris très vite le rôle de Lanrezac. J'eus le désir de la connaître. Le général Archinard sollicita pour moi l'honneur d'un entretien : c'était fin août 1917. Le général Lanrezac, absent de Paris, répondit qu'il me recevrait volontiers en octobre. Date fut prise pour le 27 de ce mois; le 25 il était frappé par le mal qui devait l'emporter. Je ne pus le voir qu'à la fin de novembre. Que l'on se reporte à mes articles du *Correspondant* et l'on verra que quatre avaient déjà paru, et le cinquième était sous presse ; les deux derniers étaient intitulés : *la Genèse de Charleroi.* Ma position était déjà nettement prise. Lanrezac, assurément, me donna des précisions, me révéla des faits particuliers et personnels, que je n'eusse pu autrement connaître ; mon jugement n'en fut que confirmé, mais l'essentiel était déjà acquis. Ceci dit pour bien établir mon entière indépendance ; Lanrezac ne fut pas plus mon « inspirateur » que je ne fus son « défenseur ».

Je puis dire que ces articles de 1918 du

Correspondant sur son rôle au début de la guerre, lui redonnèrent la volonté de vivre ; ils étaient une préparation de l'opinion permettant d'en espérer un retour quand paraîtrait, à l'heure qu'il savait fixée, le livre qui devait être sa justification et fonder souverainement le jugement de l'histoire. Livre émouvant, d'une sincérité prenante ; sorte de confession publique, faite avec le mâle langage d'un soldat et d'un chef — sévère, peut-être très sévère pour ceux dont il eut à réparer les erreurs, mais assurément aussi trop indulgent pour quelques-uns de ses subordonnés. Lanrezac n'était pas de ceux qui rejettent les responsabilités sur les inférieurs ; ces responsabilités, il les prenait toutes, même quand elles contrevinrent à ses ordres et compromirent son action.

Ce livre fit une impression profonde dans les milieux militaires en France et surtout à l'étranger ; le déni de justice apparaissait flagrant, mais comment en demander la réparation sans risquer de désobliger ceux qui en furent les auteurs ! La première voix militaire amie qui osa parler fut celle du général de Maud'huy, que Lanrezac qualifiait « le Bayard des temps modernes » et qui en mai 1920, dans un article du *Gaulois* — sa dernière parole publique et son testament militaire — proclama qu'à

Charleroi le commandant de la 5e armée, en sauvant son armée, avait sauvé la France. Un revirement se fit dans la littérature de guerre ; Mermeix lui rendait justice dans son livre sur *le Commandement unique*, le général Palat dans son *Histoire de la Grande Guerre :* surtout, et ce fut l'un des témoignages auxquels il fut le plus sensible, le Nestor de vieille armée, le lieutenant-colonel Grouard, le collaborateur de Miribel, rendait plein hommage à sa clairvoyance comme à l'habileté de sa manœuvre et dans son livre sur *la Conduite de la guerre jusqu'à la bataille de la Marne,* portait le jugement le plus sévère sur les auteurs de sa disgrâce. Les ennemis eux-mêmes, ceux qu'il eut devant lui, Bulow et Hausen, dans leurs Mémoires, ne cachaient pas la déception que leur causa la décision de Charleroi.

Si son tourment n'en fut pas apaisé, il fut un peu atténué ; mais c'est du gouvernement et de l'armée qu'il attendait une marque officielle, comme s'il eût désiré que la France ne pût pas être accusée d'ingratitude à son égard. Cette pensée seule dans ces deux dernières années lui donna la force de tenir contre la mort...

En mai 1923, le roi des Belges lui conférait la grand'croix de l'Ordre de la Couronne avec attribution de la croix de guerre avec palme et, en effectuant la remise, le lieutenant-colonel Joostens déclarait que son Souverain avait voulu reconnaître « la clairvoyance » et la décision dont le commandant de la 5e armée fit preuve aux heures tragiques de Charleroi.

C'était le premier sourire de la gloire officielle. N'y avait-il pas là une invite indirecte au gouvernement français ? Je le pensai et, à l'insu de Lanrezac, le 3 août 1923, je demandai pour lui au chef du gouvernement la grand'-croix de la Légion d'honneur (1). Le 23 août, le ministre de la guerre, à qui la lettre avait été transmise, me répondait que les règlements en vigueur ne lui permettaient pas de proposer le général Lanrezac pour cette haute distinction, parce qu' « aux termes de l'article 1er du « décret du 15 juillet 1853, les dispositions des « décrets des 22 et 25 janvier 1852 relatives au « traitement de la Légion d'honneur, ne sont « pas applicables aux officiers généraux des « armées de terre et de mer, qui sont passés ou « qui passeront dans le cadre de la réserve, 2e

(1) A ma démarche s'étaient associés le président Paul Doumer, les anciens ministres de la guerre Messimy et Painlevé, le sénateur Henry Bérenger, mes collègues Louis Marin, Guernier, Ybarnegaray, Benazet, Ernest Flandin, Gheusi, Gaston Deschamps, Taittinger.

« section de l'état-major de l'armée. » Il faut croire que l'obstacle invoqué n'était pas très sérieux, puisqu'il suffit, un an plus tard, d'un geste du général Nollet pour le tourner. L'acte de justice que j'avais demandé en vain quand j'étais de la majorité, je l'obtenais de suite, étant de la minorité ; je ne puis que regretter que mes amis en aient laissé l'honneur à mes adversaires politiques.

Ce témoignage officiel de la reconnaissance nationale était, semble-t-il, le terme que Lanrezac avait assigné à sa vie ; après il se laissa mourir... La mort le prit le 18 janvier 1925 et lui apporta le calme qui l'avait quitté depuis dix ans. Sur ce lit de camp qui était son lit de mort, pour la première fois j'ai vu son visage apaisé et tranquille. Près de lui était l'image du Juste, qui a dit: Heureux ceux qui souffrent persécution pour la justice...

Lanrezac avait exprimé le désir d'être enterré sans honneurs militaires et porté dans le corbillard des pauvres. La dignité de la France ne le permettait pas. Le gouvernement s'honora en décidant que les obsèques seraient aux frais de l'Etat. Obsèques vraiment nationales, où l'on sentait battre le cœur d'un peuple entier. C'est devant un parterre de vainqueurs que le maréchal Fayolle fit son éloge. Pétain et Franchet d'Esperey, en mission en Afrique, étaient représentés, mais Foch était là, contenant avec peine son émotion ; Debeney était présent ; présents aussi Mangin et Gouraud, présent le ministre de la guerre, général Nollet ; présents combien de chefs ayant commandé qui des armées, qui (les plus jeunes) des divisions, et présent surtout son état-major de Charleroi, Hély d'Oissel, Schneider, Daydrin, Besson, Helbronner. La Grande Muette parlait par ses yeux et de ces yeux combien étaient embués de larmes ! Sur ce parvis de la petite église de Neuilly, devant cette assemblée superbe et ce cercueil comme illuminé par la soie du drapeau tricolore, on vit vraiment, après la Justice, se lever la Gloire.

Il repose maintenant au cimetière de Montmartre. Sur sa modeste tombe, cette inscription : « Général Lanrezac, — ancien commandant de la 5e armée en août 1914, — vainqueur à Guise, — 1852-1925 ». Une main amie y a placé une palme avec cette inscription : « *A celui qui, en août 1914, sauva la France* ». Et ce sera le verdict de l'Histoire.

TABLE DES MATIÈRES

17.642.— Sté d'Impr. de Basse-Normandie, 10, r. de la Monnaie, Caen

ÉDITIONS BOSSARD, BOULEVARD SAINT-GERMAIN, PARIS

EXTRAIT DU CATALOGUE

FERNAND ENGERAND — **Le Secret de la Frontière, 1815-1871-1914.** CHARLEROI. — Un vol. grand in-8; 8 portraits sur planches hors texte gravés d'après les dessins d'A. BOREL; 14 cartes hors texte.... .... 21 »

FERNAND ENGERAND. — **La Bataille de la Frontière.** — BRIEY. **Août 1914.** — Un vol. in-8 avec deux cartes hors texte.............................. 12 »

FERNAND ENGERAND. — **Le Fer sur une Frontière. — La Politique métallurgique de l'État allemand.** — Un portrait et 3 cartes hors texte. Un vol........... 9 »

LOUIS ENGERAND. — **L'Opinion publique dans les Provinces Rhénanes et en Belgique, 1789-1815.** — Un vol.. 6 »

ALEXANDRE RIBOT, ancien Président du Conseil, membre de l'Académie Française. — **Lettres à un Ami.** *Souvenirs de ma vie politique.* Un vol................. 12 »

UN AFRICAIN.— **Manuel de Politique musulmane.** — Un vol.. 7.50

GIUSEPPE PREZZOLINI. — **Le Fascisme.** Traduit de l'italien par GEORGES BOURGIN. Un vol.................. 9 »

ALPHONSE SÉCHÉ. — **Le Dictateur.** — Un vol... 5.40

Capitaine RENÉ FONCK, ancien député des Vosges, président de la Ligue aéronautique de France. — **L'Aviation et la Sécurité française.** — Un vol............. 7.50

EDMOND PILON. — **Sous l'Égide de la Marne. Histoire d'une Rivière.** Avec 32 gravures hors texte. — Un vol.. 7.50

JEAN MAXE. — **L'Anthologie des Défaitistes.** — Deux vol. Index onomastique de tous les noms cités, 1.200 pages. Préface de M. Émile BURÉ, directeur de *L'Éclair*. 18 »

JACQUES ANCEL. — **Les Travaux et les Jours de l'Armée d'Orient (1915-1918).** — Un vol. avec une carte et 16 photographies.................................. 7.50

www.ingramcontent.com/pod-product-compliance
Ingram Content Group UK Ltd.
Pitfield, Milton Keynes, MK11 3LW, UK
UKHW021820190726
13853UKWH00003B/1087